Personajes del Mundo Hispánico

Conoce a Bernardo de Gálvez

Guillermo Fesser

Ilustraciones de Alejandro Villén

Para Max, Nico y Julia, porque cada vez que pienso en ellos me aparece una sonrisa.

G.F.

Atención, pregunta: ¿Cómo se llama esta chica? Mari Pancartas. Bueno, en realidad, se llama Teresa Valcarce, pero sus amigos le dicen así porque siempre sale a manifestarse por una buena causa: ¡Libertad! ¡Justicia! ¡Igualdad para todos!

¿Y qué lleva en las manos? Ni idea, parece un cuadro antiguo. O a lo mejor un espejo. ¿Y adónde lo lleva con tanta prisa? Se dirige al Capitolio de Estados Unidos. ¿Al edificio de Washington, D.C. donde está el Congreso? Sí, ahí va. ¿Con el cuadro? Sí. ¿Y la van a dejar pasar? Sí, claro, porque ha pedido cita. Ah.

—Hola —saludó Mari Pancartas al presidente del Comité de Relaciones Exteriores del Senado.

—¿En qué te puedo ayudar? —preguntó el senador.

—Venía a colgar aquí el cuadro de Gálvez, este señor español tan majo. ¿Dónde le parece que podría quedar mejor?

—¿El cuadro de quieeeén?

El senador no pudo disimular su sorpresa. Se colocó los anteojos y acercó su rostro al lienzo. El tipo retratado vestía una flamante camisa roja (un poquito ajustada a la altura de la panza) y tenía la cabeza cubierta por una elegante peluca de rizos blancos.

—Es un óleo muy bonito —repuso al fin—. Lo que pasa, Mari Pancartas, es que en el Capitolio no colgamos cuadros de desconocidos. Aunque, de todos modos, te agradezco muchísimo la sugerencia, ¿eh? Y encantado de saludarte.

—¡Espere! Tiene que ayudarme —le rogó la chica—. Gálvez fue un héroe de la Independencia de Estados Unidos.
—¿Un héroe de Estados Unidos... que hablaba español?
—Sí, y el Congreso prometió que colgaría su cuadro.

Mari Pancartas sacó la fotocopia de un documento del año 1783 que un profesor de historia había encontrado en los archivos nacionales. Los congresistas estadounidenses se habían comprometido a colgar en el Capitolio un retrato del general Bernardo de Gálvez y… ¡todavía no lo habían hecho! El senador se puso a hacer cálculos. ¡No daba crédito! Pero si habían pasado ya más de… ¡doscientos treinta años!

BY THE
UNITED STATES OF AMERICA
IN CONGRESS ASSEMBLED.
A PROCLAMATION,
1783

WASHINGTON
D.C.
MÁLAGA

—¿Y tú cómo te enteraste de todo esto?

—Es que yo crecí en Málaga, la provincia de España donde nació Gálvez. Y como ahora vivo en Washington, D.C., se me ha ocurrido traer el cuadro yo misma.

—¿Este cuadro es de 1783?

—¡Uy, no! El original se perdió hace muchos años, esperando a que lo colgaran. Esta es una copia que hizo un paisano mío. Pero, vamos, que está muy bien hecha. El pintor lo ha coloreado sin salirse de las líneas. ¿Quiere que le cuente la historia de Gálvez?

—Hazme el favor —le rogó el senador, tomando asiento.

Mari Pancartas sacó del bolsillo un papel y, ejem, ejem, carraspeó para aclararse la garganta. Puso voz solemne y arrancó: "Jamón ibérico para un bocadillo, detergente y calcetines de gimnasia...".

—¡¿Queeeé?!

—¡Uy, perdón! —se disculpó—. En lugar de la redacción sobre Gálvez me he traído la lista de la compra. Bueno, no importa, se lo cuento sin papel.

No me digas que Mari Pancartas se sabía la historia sin leerla. Sí, de memoria. ¿Enterita? Ahora verás.

—Resulta que, en la época de las colonias, se hablaba español en la mayor parte del territorio que hoy ocupa Estados Unidos. Los *cowboys* fueron primero "vaqueros" (de ahí viene *buckaroos*) y por eso utilizan todavía palabras como *ranch*, *lasso*, *corral* y *rodeo*.

—¡Es verdad! Tienes toda la razón.

—Cuando comenzó la Guerra de Independencia, los patriotas de las Trece Colonias se vieron acorralados. La flota británica bloqueó sus barcos en los puertos del Atlántico. Al norte y al sur los acechaba el ejército enemigo y, hacia el oeste, los montes Apalaches les cerraban el paso. Era una situación desesperada. El general George Washington le pidió ayuda a Gálvez.

—¿Tú estás segura?

—Es que Gálvez era el gobernador de Luisiana, que entonces era un dominio español inmenso. Iba desde el río Mississippi hasta las Montañas Rocosas y desde el golfo de México hasta Canadá. Imagínese. Su capital estaba en Nueva Orleáns y, para socorrer a Washington, Gálvez envió río arriba barcos cargados de rifles, uniformes, comida, mantas y medicinas.

—¡Qué bien! ¡Viva Bernardo de Gálvez!

—Ya le he dicho que el tipo era bien majo, senador. Pero es que, además, reclutó un ejército de indígenas norteamericanos, afroamericanos libres, criollos franceses y hombres venidos desde puntos tan dispares como España, Cuba, Puerto Rico, México, Santo Domingo y Venezuela. Con sus tropas, Gálvez derrotó a los británicos en Baton Rouge, Natchez y Mobile. Pero, cuando se dispuso a conquistar Florida, se topó con un pequeño problemilla... Para tomarla había que entrar en Pensacola, y a esa ciudad solo se podía acceder por un estrecho canal protegido por fuertes británicos armados con potentes cañones.

De todos modos, Bernardo dio a su flota la orden de atacar. Gritó: "¡El que tenga honor y valor que me siga!". Pero no lo siguió nadie... por miedo a que los británicos los frieran a cañonazos.

Entonces, el general Gálvez decidió atacar en solitario. ¡Olé! A bordo de su bergantín, el Galveztown...

—¿Galveston? —interrumpió el senador—. ¿No es ese el nombre de una ciudad de Texas?

—Sí, muy parecido. Y para eso hay una explicación: unos años después de lo que pasó en Pensacola, el General mandó al explorador José de Evia a dibujar un mapa del golfo de México y este le quiso dar a esa bahía de Texas un nombre que rindiera honor a su patrón. La llamó Galveztown, pero lo escribió como a él le sonaba en español: Galveston.

—¿Pero tú como sabes tantas cosas, Mari Pancartas?

—Porque me gusta leer.

—¡Fabuloso! Pero sígueme contando. Entonces, ¿qué pasó?

—¡Pum! ¡Pum! Veintisiete cañonazos le lanzaron al Galveztown y, uno a uno, los fue sorteando todos. Admirados por la valentía de su comandante, el resto de la flota lo siguió. Los británicos se rindieron y el rey de España le concedió a Bernardo el honor de incluir el lema "YO SOLO" en su escudo de armas. No contento con esto, Gálvez pidió a sus paisanos de Málaga que mandasen dinero a George Washington para sufragar la que sería su última batalla, la de Yorktown.

—¿Y respondieron?

—¡Vaya que si respondieron! Los malagueños mandaron los fondos que habían recaudado para la construcción de su catedral.

—¡Qué maravilla! —aplaudió el senador.

—Por eso la catedral de Málaga se quedó sin una de sus dos torres y, desde entonces, la llaman "La manquita".

—¡Una historia impresionante! Bueno, pues vámonos.

—¿Vámonos? ¿Adónde? —preguntó Mari Pancartas, confundida.

—A la ferretería más cercana. A comprar un clavo y un martillo para colgar el cuadro en el Capitolio cuanto antes. ¡Este Gálvez es magnífico! Un héroe de la Independencia de Estados Unidos. ¡Y Estados Unidos no olvida a sus héroes!

—¡Bravo! —gritó de alegría Mari Pancartas—. Y... senador...

—¿Sí?

—Ya que salimos, ¿no podríamos de paso parar a por un helado?

En el despacho del senador se quedó solo, esperándolos calladito, el cuadro de Bernardo de Gálvez. Un héroe estadounidense que hablaba español. Como tú. Porque a la creación de Estados Unidos contribuyó mucha gente de cultura hispánica. ¡Mucha! Y, en reconocimiento a todos ellos, el retrato de Bernardo de Gálvez se iba a colgar por fin en el Capitolio. Y encima, al poco tiempo, el presidente Barack Obama le concedería al General la Ciudadanía Honorífica.

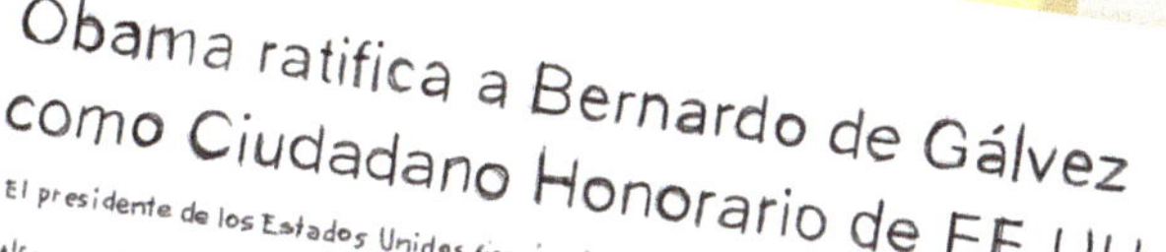

Obama ratifica a Bernardo de Gálvez como Ciudadano Honorario de EE.UU.

El presidente de los Estados Unidos firmó este martes la concesión de la máxima distinción del país

Alfonso Vázquez | | 19.12.2014 | 05:00

EE.UU. adopta a Bernardo de Gálvez

Así que el presidente del Comité de Relaciones Exteriores del Senado, agradecido con Mari Pancartas por haberle ayudado a enmendar este error de la historia, la invitó a un helado de fresa. De dos bolas. Con virutas de chocolate y nueces caramelizadas con miel. ¡Una maravilla! Ya te digo.

Guillermo nos habla de Gálvez

¿Qué te ha parecido esta historia? A mí, si te digo la verdad, aunque ya me la sabía, me ha vuelto a emocionar un poco. Es que, hasta hace nada, yo no tenía ni idea de que el idioma y la cultura de los que hablamos español hubieran estado tan presentes en la creación de Estados Unidos. Por eso, al escuchar por vez primera las hazañas de Gálvez, me quedé muy sorprendido. Con las cejas arqueadas y los ojos abiertos como platos. Bueno, hasta el punto de que, ¿tú sabes lo que hago yo ahora? Me dedico a buscar más pistas de la herencia hispánica en Estados Unidos. Por todas partes. En plan detective. Como te lo cuento.

Me meto en internet, leo libros, pregunto a profesores y escribo a amigos y familiares que viven en otros estados. Y así, poquito a poco, ya he descubierto algunas cosas. Por ejemplo, que la ciudad más antigua de Estados Unidos se llama San Agustín. O que la primera sinagoga de Nueva York la fundó un tal Luis Gómez. O que los caballos salvajes que habitan en playas de Maryland y Virginia proceden del hundimiento de un galeón español. Así que, si tú descubres algo, por favor me lo soplas. Gracias. A cambio, voy a compartir contigo otros secretos de Gálvez.

Bernardo nació el 23 de julio de 1746 en Macharaviaya, un pueblecito de la provincia de Málaga, en el sur de España. Cuando creció, se hizo soldado. Como pronto destacó por su valentía en el ejército, el rey lo nombró capitán y lo mandó a patrullar los dominios españoles de América del Norte. Lo hizo a caballo, con chaleco de cuero y sombrero de ala ancha, cabalgando con sus soldados de presidio en presidio. Que no eran solo cárceles, ¿eh? Los presidios eran los puestos fortificados y se llamaban así porque "presidían" las ciudades; o sea: estaban a la entrada. ¿Lo entiendes? ¡Estupendo!

Luego, cuando lo ascendieron a gobernador de Luisiana, se puso del lado de los patriotas. Ya sabes. Y tanto apreció Washington su inestimable ayuda que, el día en que George tomó posesión de su cargo como primer presidente de Estados Unidos, en memoria de Bernardo, que ya había fallecido, desde su barco se dispararon al aire las trece salvas de honor: trece cañonazos que, desde el Galveztown, atracado en la bahía de Nueva York, retumbaron en toda la ciudad. A mí, a veces, me parece escuchar todavía el eco: pum, pum, pum...

Glosario

bergantín: Barco con dos palos y velas cuadradas.

carraspear: Toser un poco para limpiar la garganta.

catedral: Iglesia de gran tamaño de la que está a cargo un obispo.

comité: Grupo de personas que, en representación de otras, se encargan de algo.

dar crédito: Hecho de aceptar algo como cierto o verdadero.

dominio: Territorio dependiente de un estado situado fuera de sus fronteras.

escudo de armas: Escudo que representa a una familia o a una ciudad.

ferretería: Tienda donde se venden herramientas y objetos de metal.

flamante: De muy buen aspecto porque está recién hecho o es nuevo.

fondos: Dinero que tiene una persona, comunidad o empresa.

lema: Frase que aparece en los escudos o emblemas.

lienzo: Tela preparada para pintar sobre ella, o cuadro ya pintado.

majo: Se dice de la persona que gusta a los demás porque es guapa o porque es simpática y buena.

manco: Que le falta un brazo o una mano, o los dos.

manifestarse: Hacer o participar en una manifestación (conjunto de muchas personas que se reúnen en un sitio o caminan por las calles para protestar por algo o pedir alguna cosa).

óleo: Pintura muy pastosa hecha con colorantes y aceites vegetales o animales. Obra realizada con estas pinturas.

paisano: Personas que son del mismo país, región o lugar.

pancarta: Cartel grande con alguna frase escrita que se usa en manifestaciones o se enseña en sitios donde hay mucha gente.

recaudar: Reunir dinero; recolectar.

reclutar: Llamar a una persona para que haga el servicio militar.

socorrer: Ayudar a alguien que está en peligro o en una mala situación.

solemne: Con gran seriedad; ceremonioso.

sortear: Apartarse o ir por otro camino para no encontrarse con algo.

sufragar: Pagar los gastos de algo.

sugerencia: Una idea que una persona da a otra sobre lo que tiene que hacer; recomendación.

500 Boylston Street, 10th Floor
Boston, MA 02116-3736
www.vistahigherlearning.com
www.loqueleo.com/us

Dirección editorial: Isabel C. Mendoza
Ilustraciones: Alejandro Villén
Montaje: Claudia Baca

Conoce a Bernardo de Gálvez
ISBN: 9781682921432

Published in the United States of America
Printed in USA.

3 4 5 6 7 8 9 GP 28 27 26 25